Anonymous

Göttinger Musenalmanach für 1900

Anonymous

Göttinger Musenalmanach für 1900

ISBN/EAN: 9783743374515

Hergestellt in Europa, USA, Kanada, Australien, Japan

Cover: Foto ©ninafisch / pixelio.de

Manufactured and distributed by brebook publishing software (www.brebook.com)

Anonymous

Göttinger Musenalmanach für 1900

Göttinger Musenalmanach

 für 1900.

Herausgegeben

von

Göttinger Studenten.

Göttingen.
Verlag von Lüder Horstmann.
1899.

Redaktion:

Levin Ludwig Schücking.

Inhalt.

Böhme, Alfred (Berlin).
   Abend im Tiergarten 48
   Morgen 19
   Stille 6

Eisentraut, Hugo (Aschersleben).
   An einem Mensurtage 98
   Im Bodethale 59

Münchhausen, Börries Freiherr von (Apelern, Hannover).
   Das Heilandsblut 15
   Der Letzte 20
   Der Page sprach 5
   Die guten Freunde 45
   Die Pest in Elliant 67
   Die Puppe 75
   Die Waise 58
   Ein Lied aus dem lateinischen Viertel 50
   Ein Weib 99
   Nächtliche Fahrt 28
   Praxiteles letztes Werk 79
   Rahab die Jerichonitin 84
   Sterne 8
   Triumphgesang der Juden 89
   Was wehrst Du Dich 95

Schottelius, Walther (Braunschweig).
   Abschied 77
   Am Berge tief im Haidekraut 30
   Schlaflos 82
   Volles Glück 94

Schücking, Levin Ludwig (Münster, Westfalen).
   Am Meer 63
   Der Einsiedler 96
   Der Irre 73
   Drei Reiter (Skizze) 9
   In die Welt 17
   Nebel 78
   Studentenfahrt 52
   Studentenlos 24
   Und die Lieb und der Wind 3
   Unser Münchhausen (Eine Studentengeschichte) 33

Tronnier, Adolph (Meine, Hannover).
   Der rasende Titane 61
   Der verliebte Junge 49
   Lebensfreude 17
   Lied 88
   Nach dem ersten Besuch 23

Viertel, Paul (Göttingen).
   Das Bettlerkind (Alfred Tennyson) 29
   Das Totenbett (Thomas Hood) 7
   Die Wittwe und ihr Kind (Alfred Tennyson) 4
   Die Schwestern (Alfred Tennyson) 92
   Entsagung (William Shakespeare) 72
   Ich fürchte deine Küsse (P. B. Shelley) 83

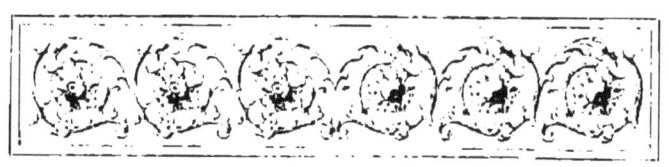

Zum dritten Male geht der neue „Göttinger Musenalmanach" in die Welt. Dereinst, vor mehr denn hundert Jahren, ist er die Standarte einer neuen Kunst gewesen. Heute, wo die Zahl derer, die aus der Kunst eine Krankheit und ihrer Krankheit eine Kunst machen möchten, nicht gering ist, senden wir Göttinger Studenten und solche, die es im Scheffelschen Sinne geblieben sind, dies Buch hinaus, auf daß es Kunde bringe von einer gesunden jungen Kunst. Denn wir alle sind jung und ich meine, der Hauch der Jugend liegt auch auf den hier dargebotenen Früchten. Mögen sie in der Welt die Aufnahme finden, die wir von ihnen erhoffen.

Göttingen, im Juli 1899.

Levin Ludwig Schücking.

Und die Lieb und der Wind!

Durch die Straßen her streift
Auf die Dächer hin pfeift
Heissah der Frühlingswind,
Wie so brausend er thut —
Halte fest deinen Hut,
Er entreißt ihn dir keck und geschwind.

Wie die Lieb ist er grad,
Die da heimlich naht,
Auch brausend wie Sturmwind just,
Und sie faßt und sie preßt
Dein Herz, halt es fest,
Denn sie reißt es dir jäh aus der Brust.

Und die Lieb und der Wind
Die zerrinnen geschwind,
Sturmwind holt sich nicht ein,
Und was er entriß —
Vergiß, vergiß,
Oder hüte dich, hüte dich fein!

Levin Ludwig Schücking.

Die Wittwe und ihr Kind.
(Alfred Tennyson.)

Tot brachten heim sie ihren Mann.
Sie schrie nicht auf, sie sank nicht hin,
Leis raunte jede Dienerin:
„Sie stirbt, wenn sie nicht weinen kann."

Sie priesen milde ihn und hehr,
Und würdig, daß man um ihn weint',
Den besten Freund, den edelsten Feind —
Jedoch ihr Aug' blieb thränenleer.

Es schlug von seinem Angesicht
Die Dienerin das Tuch zurück:
Es sah sie an sein starrer Blick,
Doch sie blieb stumm und weinte nicht.

Aufstand die Amme grau und alt
Und legt' ihr Kind in ihren Schoß,
Da brach der Strom der Thränen los:
„Mein teures Kind, ich leb' für dich!"

Paul Viertel.

Der Page sprach:

Meine wunderschöne Königin,
Du sollst wissen, daß ich selig bin:

Denn du hast im Traume mich gerufen
Zu des Marmorthrones weißen Stufen,
Und ich durfte vor dir niederknien,
Deine Krone nahmst du von Demanten,
Und sie ward zum Kranze von Jasmin,
Da wir sie um meine Schläfe spannten.

Hand in Hand sind wir hinabgestiegen
In die Gärten, drin die Falter fliegen,
Und wir gingen bis zu jenen Landen,
Wo mich jede Schwalbe kennt,
Wo mich jede Rose König nennt.

Und dein Thron hat ganz verwaist gestanden.

Weißt du, wunderschöne Königin,
Weißt du nun, warum ich selig bin?
            Börries von Münchhausen.

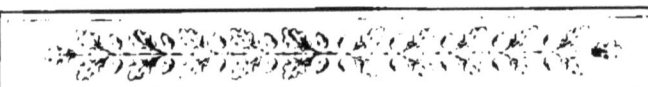

Stille.

Ich wandle unter duft'gen, dunklen Bäumen,
In den Laternen loht ein fahles Licht.
Die Luft ist still — der Himmel scheint zu träumen,
Zum letzten Mal die Sonne zu uns spricht.

Bald kommt das Dunkel und dann wird es Stille,
Sanft wie ein Kind ruht die bewegte Welt;
Und auch in mir schläft jeder Wunsch und Wille,
Und Gott der Herr bestellt das weite Feld.

Alfred Böhme.

Das Totenbett.
(Thomas Hood)

Wir wachten an ihrem Lager die Nacht,
Wir wachten und lauschten darob,
Wie die Lebenswelle in ihrer Brust
Sich langsam senkte und hob.

Und so leise klang unser flüsterndes Wort,
So lautlos scholl unser Gehn,
Als hätten wir ihr unsre Kraft geliehn,
Das Leiden zu überstehn.

Und unser Hoffen belog unsre Furcht,
Wie die Furcht unser Hoffen verdarb;
Wir dachten, sie stürbe, als sie schlief,
Und schliefe, als sie starb.

Und als nun düster und neblich kam
Der Morgen auf diese Nacht
Da war sie in einem andern Land
Selig aufgewacht.

Paul Viertel.

Sterne.

Rings schläft der Park. Hoch strecken sich die Bäume,
Von droben schaun die Sterne in die Nacht,
Und deine Augen sahn in meine Träume,
Wie wache Sterne in die Sommernacht.

Zwei Sterne fielen. Eine rote Garbe
Sah ich verlöschend übers Weltall wehn,
Zwei Sterne blichen, doch die blutge Narbe
Bleibt grell am Himmel meiner Träume stehn.

Börries von Münchhausen.

Drei Reiter.

Skizze
von
Levin Ludwig Schücking.

Auf der großen Karawanenstraße gen Mekka, da wo sich die Wege von Abu-el-Chemir und Beduan treffen, hielten zwei Reiter ihre Kamele an, Hassan-Ben-Jochma und sein Knecht. „Bei Allah", wandte sich Hassan an seinen Knecht, „naht nicht dort auf der Straße von Beduan ein Berittner?" „Herr ich sehe nichts", sagte der Knecht, und neigte seine übernächtigen müden Augen demütig auf den Sattel seines Tieres. „So sperre Deine Augen auf, Du Sohn eines Schakals!" entgegnete der Herr, „oder ich werde Dir zu Mekka, in der heiligen Stadt des Propheten die Bastonade erteilen lassen." Der Reiter auf der Straße von Beduan kam rascher näher; als er sah, daß er erwartet wurde, ließ er sein Roß traben, nach wenig Minuten war er an Hassans Seite. „Allah segne Euch!" „In seines Propheten Namen auch Dich!" Die kleine Karawane setzte sich in Bewegung, Hassan und der Neuankömmling voran, hinter ihnen der Knecht. „Ihr seid weit geritten, der stolzende Gang Eurer Kamele verrät es, und Ihr habt noch lange, wir kommen erst zur Nacht in die heilige Stadt!" begann der Reiter. „Ich weiß es", sagte Hassan, ich komme öfter des Weges, mein Sklave führt bei sich, was ich gen Mekka zu bringen pflege, Salben, Räucherwerk und Spezereien." Der Reiter wandte sich um und musterte den Knecht mit strengem Blick. „Ihr habt aber einen seltsamen Sklaven", meinte er dann, „er erschrickt ja, wenn man ihn ansieht." „Wäre es nur das", sagte der Spezereienhändler von seinem Kamel herab, „aber er ist oft störrisch und dann kann ihn nur die strengste Züchtigung zur Pflicht zurückrufen, aber saget, wer seid Ihr und was suchet Ihr in der heiligen Stadt?" „Ich bin der Scheik Mahomed-al-Ebri und ich fahre gen Mekka, meinen Sohn zu suchen, wie ich es gethan schon zehn Jahre zur Zeit der Mandelblüte." „Ist er fortgezogen zum Kampfe wider die Wahabiten?" fragte der Kaufmann. „Allah verdamme sie", entgegnete der Scheik düster, „aber mein Sohn ist nicht ausgezogen wider sie." „So ist er mit einer Karawane zum Meere gegangen und nie zurückgekehrt?" Der Scheik schüttelte das bärtige Haupt. „So hat er sich zu den Derwischen gesellt und lebt in der Wüste?" „Ich weiß es nicht", entgegnete der Scheik und strich mit der Hand über die glänzend schwarze Mähne seines Rosses, „ich habe ihn verstoßen!" „Wehe", sagte der Kaufmann und hob die Rechte, „steht nicht geschrieben im Koran, wer da verstößt seinen Sohn, der soll sein wie die Dattelpalme, der man die Wurzeln abgehauen, weiß soll sein Haar werden und zitternd seine Hand?" „Allah's Wort ist Wahrheit, und sein Name sei gesegnet," entgegnete der Scheik und streifte die Kapuze seines Burnus zurück, „siehe mein Haar ist weiß und nicht lang mehr wird es dauern, daß dieser Hand der Dolch entfällt, aber was ich that, geschah zu Allahs Ehre, denn dermalen, als der ganze Stamm gegen die Wahabiten auszog, da kehrte anderen Tages mein Sohn allein zurück, er liebte ein junges

Weib — und da habe ich ihn verstoßen." „Und nun suchst Du nach ihm?" fragte der Kaufmann. „Nun suche ich nach ihm, denn die Zeit ist nahe, wo mich Allah in seinen Himmel aufnimmt und mein Zelt steht leer. In der heiligen Stadt aber, wo mehr Gläubige sich sammeln, denn Dattelpalmen stehen in unserer Oase, da gebe ich die Hoffnung nicht auf, ihn zu finden." „Allah segne dein Suchen, mein Freund," sagte der Kaufmann zweifelnd, „aber wenn Du ihn findest, wie wirst Du ihn finden? Als Derwisch, als Gaukler, vielleicht gar als Knecht, wie soll Dir solch ein Wiederfinden lieb sein — Hund von einem Sklaven," wandte er sich zurück, „weshalb treibst Du Dein Tier so nahe an uns heran, die Wüste ist weit genug." „Wohl möchtest Du Recht haben", sagte der Scheik und sah auf den von der Abendsonne vergoldeten rötlichen Sand zu seinen Füßen, „wenn der Verlorene ein Anderer wäre als der Sohn Mahomeds-al-Ebri des Scheiks. Der Enkel meines Vaters, der den herrlichsten Sieg über die Wahabiten erfocht, so geschrieben steht in den Annalen zu Bagdad, dem der Khalif umhängte ein Brokatgewand mit goldener Kette, wird nie zum Gaukler oder Knecht herabsinken, eher sterben, denn thäte er es, ich könnte ihn nie zurückführen in die Oase von Bala-e-Kubra und ihm umhängen den weißen Burnus des Scheiks und ihm in die Hand geben das Schwert, zu richten über Recht und Unrecht. Allah weiß es." Der Kaufmann wiegte das Haupt. „Es steht geschrieben im Koran: „Hunger ist schmerzlicher denn vergiftete Wunden und bitterer denn Aloe." „Sei getrost", lächelte der Scheik, „ich kenne mein Blut."

Und sie ritten weiter durch die Einöde, rechts und links von ihnen am Wege lagen bleichende Kamelknochen und ein aufgescheuchter Geier flog über ihnen her. Hinter ihnen ritt der Knecht. „Horch", sagte der Kaufmann, „klang es nicht wie ein Schluchzen hinter uns, wie ein unterdrücktes Weinen? Bete zu Allah, seine Geister umschweben uns!" Sie murmelten Gebete.

Der Knecht, der hinter ihnen ritt aber beugte sich tief auf des Kameles Rücken, seine Lippe war blutig, er betete zu Allah, Allah der da Kraft giebt, Lippen zu schließen, die sich öffnen wollen und Herzen verstummen zu machen, die ihr Weh hinausschreien wollen in die Welt.

Am Horizonte aber über den Bergen tauchten die Minarets von Mekka auf.

Das Heilandsblut.

Mit klirrendem Froste sprang der Wintertag
Aus Nebelgewölk, darüber die Sonne lag.

Im Rieseln des Rauhreifs, der an den Bäumen hing
Durch knirschenden Schnee der Priester von Romsdal ging.

Das Glöcklein zittert in froststarrer Knabenhand,
Hoch stäubte der Schnee am schwarzen Priestergewand.

Lars Lornsens Hauswand war eines Schooners Bug,
Und als der Priester gegen die Lücke schlug

Trat Lornsens Weib zur niederen Thür heraus:
„Ihr kommt zur Zeit, Lars Lornsens Fahrt ist aus".

Von seinen fiebernden Schläfen so ängstlich geschwind
Der Todesschweiß in emsigen Tropfen rinnt,

Die rissige Seemannsfaust sich krampfend schmiegt
Ins dürre Strandgras, darüber das Laken liegt.

Und seine Ohren hören schon für und für
Die Schritte des Totenengels hinter der Thür.

Der Priester hebt den Deckel vom Kelche leis — —
Da ward im Nordlandswinter der Wein zu Eis!

Das Weib sinkt schluchzend hin an der Krankenstatt,
Lars Cornsens Atem wurde röchelnd und matt.

Da brach aus des Kelches Gold der Priester das Eis
Und legte es auf die Stirne feucht und heiß.

Und von den fiebernden Schläfen gespenstisch geschwind
Das Heilandsblut in emsigen Tropfen rinnt.

Tief auf der Kranke atmet. Er hob den Blick —
Der Tod trat von Lars Cornsens Lager zurück. —

Im Rieseln des Rauhreifs, der an den Bäumen hing,
Durch knirschenden Schnee der Priester heimwärts ging,

Und hebt die Hände zum Himmel auf und spricht:
„Du Krankenheiland, ich weiß, du zürnst mir nicht!

Du Nebelwinter, graudüsterer Inselstrand, — —
Vielleicht verflucht mich der im italischen Land, —

Doch deine herbe Hoheit spricht mich frei,
Christus, mein Christus, und du standst mir bei!"

Börries von Münchhausen.

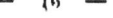

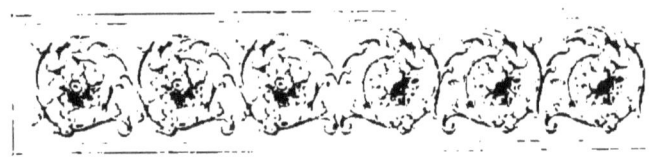

Lebensfreude.

Hohn
Lachten die Geister des Lebens dem Winter!
Ein Ton
Der Lenzesfreude tanzt nun durchs Land,
Der Himmel lacht,
Es schmückt die Fluren in Märchenpracht
Ein wunderzart Sonnengoldstrahlengewand.
Da strömen die Kinder
Schon früh hinaus,
Eh daß die Uhr ruft
Zur Schul ins Haus,
Am Arm die Taschen,
Und spielen Haschen;
Es glühen die Wangen,
Es strahlen die Augen den lichtfrohen Sinn,
Und ein verstohlenes Liebesverlangen
Lebt schon und webt schon und flirrt schon darin,
Schon nach süßer Liebe ein Hoffen und Bangen. —
So war einst auch ich; und ich habe wie ihr
Einst gespielt, getanzt und gesprungen,
Manch Kinderspiellied im Kreise gesungen ...
O du schönes, goldiges Kinderleben!

Und doch jetzt! Welch goldiges Sein,
Nun ich auch kennen lernte die Pein
Und des Herzens bängstes, tiefinnerstes Beben.
Wo die Blicke heller blitzen,
Trotzig die Hand in die Dornen greift,
Die sie blutig ritzen,
Nach der goldnen Frucht, die dahinter reift! —

Die schönste Zeit
Soll die Kindheit sein —
Mag sein für die Weiber, die Pfaffen, die feigen,
Die Meider im Streit;
Und klimmen, fallen und wiedersteigen
Die Schneckenschnellen und Hasenkühnen
In der Ebne Verseilten mit doppeltem Band,
Wir sehen's und lachen und jauchzen's hinaus:
„Und wahr bleibt es doch: Das Schönste bist du,
Goldiges Leben voll Wetterbraus,
Goldiges Leben, du Müh ohne Ruh:
Schicksalskampf-reiche Gegenwart!!" —

Adolph Cronnier.

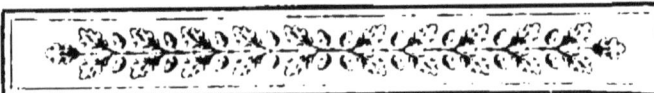

Morgen.

Einsamer, früher Morgengang:
Horch, wie es scheu von den Zweigen klang!
Lerchen steigen schon überm Feld,
Morgenträume lüften ihr Zelt.

Schon wird es heller nah und fern,
Scheu verglimmt der Morgenstern!
Purpurgold zieht von Osten herauf;
Alles lauscht — — — die Sonne geht auf.

Alfred Böhme.

Der Letzte.

(1559.)

„De ole Stamm verdörrte, ick bün de letzte Tweig,
De edelen grönen Blädder, de wörn all dot un bleich,
Nu bün ick de letzte Büsken in de Grafschaft Schauenburg
Un bün de letzte Büsken de Lande durch.

Im Saddelhove to Oldendorp satt ick twintig Jahr,
Un drüttig Jahr min Edelmannsitz de Perdesaddel war, —
— Nu griep ick nimmermehr tom Sprung in eenes Perdes
                                      Mähn,
Nu schalln min Lehen hebben mine Swiegersähn.

Asche von Kramm schall nochmal tom Weserland kehrn
Mit Börries von Mönkhusen vom Hove Apelern,
Darto de edelen Herren von de Süntel- un Deister-Lehn,
Se schalln tom letzten Male en Büsken sehn!"

Da kamen angeritten von den Rottorps aus Hülsede Klaus,
Die Marenholz und Oheimbs, ein Reden, und der von Haus,
Und Stolzenberg, der treue, Arnswaldt vom Rethemer Moor,
Ein Zerssen und ein Holle und Hake aus Ohr.

Und Jobst von Lenthe drückten die neunzig Jahre nicht schwer,
Er ritt mit sieben Söhnen und Bock von Wülfingen her, —
Sie alle trafen noch einmal beim letzten Büschen zusamm,
Dazu seine Schwiegersöhne, Münchhausen und Kramm.

Und vor den Zeugen allen gab Lehen er und Land
Mit allen Zins und Frohnden den Söhnen in die Hand.
Dann sprach er: „Ole Sitte was jümmer bi olen Geschlecht,
So lat us ole Sitten ok wahren recht."

Da reichte Jobst von Lenthe den rostigen Helm ihm her,
Anschnallte Reden die Sporen, und Kramm gab ihm den Speer.
So schritt er stark gewaffnet aus dem Sattelhofe heraus
Und stand, ein Heimatloser, vor seinem Haus.

Und stand eine gute Weile auf der staubigen Straße allein,
Dann holten ihn zu Gaste seine Söhne und Töchter herein.
Sie saßen zum Mahle nieder, Klaus Büschen den Becher
                                                       nahm:
„So drink ick tom letzten Male up ju alle tosam,

Ick drink up usen Graven, for den mine Lanzen ick brock,
Wi hed em Tru 'eholen, hei heeld de Truc ok,
Ick drink up mine Buern, — un up dat letzte Blatt,
Dat sik am olen Stamme gelockert hat."

Das letzte Blatt gelockert, — der Alte fühlte es recht,
Es ging mit ihm zu Ende und mit seinem Geschlecht,
Noch sechsmal sah er am Süntel den goldigen Frührotschein,
Dann schloß er die Augen, — er mochte wohl müde sein!

* * *

Die Klosterglocken von Fischbeck wandeln die Weser entlang
Und grüßen im Nebel droben den Lachemer Glockenklang,
Die Glocken von Oldendorf wimmern, — s'ist wie ein Sterbeschrei,
— — Sie setzen den letzten Büschen in Fischbeck bei.

Der Nebel taut, als weine die kühle Oktoberluft,
Hoch steht des Landes Adel um die alte Gruft,
Zum letzten Male hob sich darüber der mächtige Stein,
Die Nonnen sangen ihr letztes Requiescat hinein.

Und Assa Kramm sprach leise den Spruch darüber her:
„Büsken, hüt noch eenmal, von hüt an: Nimmermehr!"
Börries Münchhausen spellte mit dem Schwerte den Schild entzwei,
Der silbernen Lilie Sommer war nun vorbei. —

Die Rosse schnoben im Dunste, die Weser rauschte fern,
Die breiten Hände reichten sich stumm die edlen Herrn,
Zur Heimat lenkten sie schweigend in den rieselnden Nebel hinaus, —
Der einsame letzte Büschen war auch zu Haus.

Börries von Münchhausen.

Nach dem ersten Besuch.

Von meinem Mädchen nahm ich Abschied;
Sie gab Geleit mir bis zur Thür ...
„Noch einen Blick und noch ein Wort!" —
Sie schlug die lieben Augen nieder;
Ich wollt noch sprechen, war schon fort
Und kam mir recht erbärmlich für.

Adolph Cronnier.

Studentenloos.

I. Wiedersehen.

„Kommt Freunde, kommt, noch eine Kanne!
Mein Gott, die Nacht ist ja noch lang,
Im Bürgerbräu die schöne Anne
Kredenzt uns gern noch einen Trank.
Und fällt mal der und wer vom Stuhle,
Was wird daran so Schlimmes sein,
Wir gingen auf die hohe Schule,
Nicht in den Mäßigkeitsverein!"

Wir folgten gern, nicht lange lockt' er,
Wir nahmen Platz am alten Tisch.
Die Anne kam: „Grüß Gott Herr Doktor!"
„Mein Krügel her! Hei, schäumt das frisch!
Was lachst du Anne?" „Soll net lachen?
Schaugts enk mal um nach drüben leis,
Was Die verliebte Augen machen,
Gelt, Die sind auf der Hochzeitsreis'!"

Ich sah mich um: bei Gottes Gnade —
Aus meiner Hand faft fiel das Glas,
Ift mir denn recht, die fieht ja grade —
Herrgott, Helene ift ja das!
Wie blaß fie ift, ich glaub es quillt mir
Vorm Aug' empor ein Traumbild nur,
Noch auf dem Herzen liegt ihr Bild mir
Und ihre Locke in der Uhr!

Ihr Kuß, ihr Lachen, ihre Lieder
Noch träumen fie im Ohr mir leis,
Und fo, und fo find' ich dich wieder,
Ifts möglich? auf der Hochzeitsreif'!
Wie lang ift's her, mich dünkens Tage,
Von Haufe bin ich juft ein Jahr,
Ich fühls an meines Herzens Schlage,
Noch bet' ich an dies blonde Haar!

Und wer — mich dünkt, ich follt ihn kennen,
Der um den Leib dir fchlingt den Arm?
Gewiß, den Namen könnt ich nennen,
Es ift ein Tropf, daß Gott erbarm.
Ein dummer Teufel fonder Fragen,
Alfo um den ließ fie mich gehn! —
Wollt nur fo toll dies Herz nicht fchlagen
Als wär Entfetzliches gefchehn.

Das ift zu viel — „Ihr wollt vergeben,
Ich fühl mich krank, trink du dies aus!"
„Ift dir nicht wohl?" — „Das wird fich heben,
Ich geh den Weg durchs Hinterhaus!"

* * *

II. Ihr Bild.

Wenn ich sonst spät Abends zur Ruhe ging,
Beim Krähn der ersten Hähne,
Dann wußt ich, ob meinem Bette hing
Dein süßes Bild Helene.

Und wie mein Freund, der fromme Justin
Des Abends vor seiner Madonne,
So kniet ich vor deinem Bilde hin,
Meine Seele und meine Wonne!

Heut aber reiß ich hinab dich geschwind,
Und zerreiß dich zu tausend Fetzen,
Hinaus damit, es möge der Wind
Im Spiel sich dran ergötzen.

Er ist so tückisch und treulos wie du,
Er lächelt und fächelt zu Stunden,
Er kost und wiegt in selige Ruh'
Und plötzlich ist er verschwunden!

Ich war ein braves Kind; wenn wild
Der Sinnenbrand in mir lohte,
Dann hielt ich mich an dein teures Bild
Und die heiligen zehn Gebote.

Und wenn die blonde Marie zu mir sprach,
Kokett, mit Schmeichelgebärden,
Nie gab ich der sündigen Liebe nach —
Das wird jetzt anders werden!

* * *

III. Heimfahrt.

Der Eilzug jagt, und das Dampfroß pfeift,
Es stöhnt, daß Gott behüte,
Die Wälder und Felder stehn bereift
Und waren doch jüngst in Blüte!

Deine Briefe warf ich, Blatt für Blatt,
In den flatternden Wind, die zerfetzten,
In die Donau just bei Ingolstadt
Da flogen die allerletzten.

Ein Fischerknabe sang vom Main:
„In einem kühlen Grunde,"
Und sehnend wieder gedacht ich dein,
Aufbrach die junge Wunde.

Fahr hin, fahr hin, die Welt ist weit,
„Das Ringlein ist zerbrochen,"
Ich fahr in eine neue Zeit,
Was will das Herz noch pochen!

Levin Ludwig Schücking.

Nächtliche Fahrt.

Glutverdorrt schläft rings der Wald, der kranke,
Kaum, daß lautlos eine Eule streift,
Kaum, daß hakend eine Brombeerranke
Nach den Speichen meines Rades greift.

Meines Lichts erschrockne Leuchten irren
Groß, phantastisch an den Stämmen her,
Nächtge Falter tollen Fluges schwirren
Gegen der Laterne Scheiben schwer.

Häher kreischen fern im Nebelthale,
Und der Schwaden zieht den Weg herauf,
Nasses Gras streift klatschend die Pedale,
Fern ein Murren — und der Wald wacht auf.

Und ich lausche, wie der Forst dem Tage
Bang ein sehnend Hehrewieder singt ...
Aengstlich tief das Dunkel. Und ich schlage
Gegen meine Glocke, daß sie klingt.

Börries von Münchhausen.

Das Bettlerkind.
(Alfred Tennyson.)

Sie schlang die Arme um des Busens Reiz;
Und sie war schöner als man sagen kann:
Barfüßig kam das holde Bettlerkind
Am Thron Kophetuas, des Königs, an.
Vom Thron hernieder stieg er da vor allen,
Sie zu erheben, die nun vor ihm lag;
„Es ist kein Wunder," sprachen die Vasallen,
„Denn sie ist wahrhaft schöner als der Tag."

Sie war so schön in ihrem Bettlerkleide,
Wie hell der Mond durch dunkle Wolken bricht:
Der pries die schlanken Füße, der ihr Auge,
Das dunkle Haar, ihr liebliches Gesicht.
Solch Engelsangesicht voll Lieblichkeit
War nie gesehn im ganzen Lande hin:
Kophetua schwor einen Königseid:
„Dies Bettlerkind wird meine Königin!"

Paul Viertel.

Am Berge tief im Haidekraut.

Am Berge tief im Haidekraut
Da liegt ein Ring von Stein;
Da schwingen, bis der Morgen graut
Und bleich der Vollmond niederschaut,
Die Elfen ihren Reihn.

Am Berge tief im Haidekraut
Flammt dann ein blauer Schein;
Sie schwatzen viel und lachen laut,
Und spielen Bräutigam und Braut
Bei Flöten und Schalmein.

Am Berge tief im Haidekraut
Ist dann nicht gut zu sein!
Es sehnt sich, wer den Spuk erschaut,
Nach ihren Liedern, lieb und traut,
Ins frühe Grab hinein.

Am Berge tief im Haidekraut
Sargt man den Müden ein;
Und wird ihm's letzte Haus erbaut
So hört man in des Glöckleins Laut
Die Flöten und Schalmein.

    Walther Schottelius.

Unser Münchhausen.

Eine Studentengeschichte

von

Levin Ludwig Schücking.

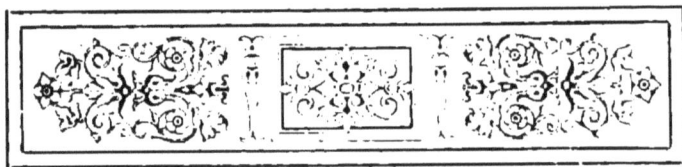

Wir nannten ihn unfern Münchhaufen. Er war Mediziner im vierten Semester. Was er indes am Präpariertifch leiftete, darüber erlaube ich mir als Laie kein Urteil, ich kannte ihn nur vom Viertifch, nämlich unferer Stammtafel im Auguftiner her. Und da leiftete er beträchtliches. Unfer Münchhaufen log nämlich, und zwar nicht in dem Sinne, wie mein Freund Meyer zu fagen pflegt: etwas lügt ja fchließlich jeder, fondern er log aus Grundfatz. Wenn eine Paufe im Gefpräch eintrat, fo log er ein von ihm erlebtes Begebnis fcherzhaften oder ernften Inhalts. Er log dann von feinen Reifen und Erlebniffen in Spanien, in Egypten, Italien, Tyrol, der Schweiz, Holland und verfchiedenen angrenzenden oder verbündeten Nachbarftaaten. Seitdem ihm jedoch einige ebenfalls bereifte Mitglieder unferes Stammtifches Unrichtigkeiten in Erzählungen aus Oeftreich oder Holland nachgewiefen, fpielten fich feine Erlebniffe zumeift in außereuropäifchen Ländern ab. Nur Spanien wurde noch in Mitleidenfchaft gezogen, und ich erinnere mich dunkel eines feltfamen Erlebniffes von dort. Er war durch einen Diebftahl ganz von Geld entblößt worden —

notabene kam dieser Zustand im Semester bei ihm auch häufig ohne Diebstahl vor — und da er noch eine Guitarre besaß, hatte er sich zwischen Olivenbäumen vor einem spanischen Schlosse aufgestellt und ein wehmütiges deutsches Volkslied angestimmt. Uebrigens warf mein Freund Meyer bei dieser Gelegenheit ein, es sei merkwürdig, daß seitdem unseres Münchhausen Gesangstimme vollständig in Verlust geraten sei, worauf jemand am Ende des Tisches murmelte, daß der Verlust der Glaubwürdigkeit dem vorangegangen sei. Doch genug. Unser Freund hatte so hinreißend seinem Kummer über sein Elend und seinen Geldmangel in jenem Volksliede Luft gemacht, daß sich ein Fenster geöffnet hatte, eine wunderschöne Signorita hatte sich herausgebeugt und — aber die Erzählung unseres Münchhausens wurde hier leider durch die energische Verwahrung einiger gänzlich fantasie- und glaubenslosen Mitglieder des Stammtisches unterbrochen, die da erklärten, sich eines „stumpfen Gegenstandes" bedienen zu wollen, wenn diese Erzählung noch weiter fortgeführt würde. Unser Münchhausen ertrug das schweigend. Er nannte das den Neid der besitz- und erfahrungslosen Klasse und fuhr mit seinen Erzählungen in einem andern Erdteil fort, bis seine Stimme in dem allmählich wieder aufgenommenen Gespräche der Andern verhallte.

Aber die Bekanntschaften unseres Erzählers erstreckten sich nicht nur auf Länder, sondern auch Personen, und zwar stand er fast mit allen Berühmtheiten auf vertraulichem Fuße. Von Moltke hatte er eine Reihe eigenhändiger Briefe — „Sie können Sie jeden Nachmittag bei mir besehen, ich bin von 2—5 zu Hause, Sie bekommen noch einen ausgezeichneten Likör dazu" — pflegte er hinzuzusetzen (vergaß aber leider stets die Straße anzugeben), mit Bismarck hatte er manchen Händedruck getauscht, Napoleon III. war sein Pate, Kaiser Friedrich hatte sich mit ihm über das medizinische Studium unterhalten, kurzum, es brauchte bloß ein berühmter Name genannt zu werden, und unser Münchhausen gab den persönlichen Kommentar dazu. Unser Interesse daran wäre nun bald erlahmt, hätten wir uns nicht das Vergnügen gemacht, hin und wieder einen Neuling mitzubringen, der mit offenem Munde und unverhohlenem Erstaunen unserm Münchhausen zu lauschen pflegte, bis er sich davon überzeugt hatte, daß doch nicht bei jeder Erzählung die Wahrheit Pate gestanden.

So wurde abgesehen davon daß Luis, unsere Kellnerin, unsern Münchhausen lange Zeit für den verkappten Prinzen Karl Ludwig hielt, kein Unheil durch ihn angestiftet, bis mein Freund Meyer einen Bekannten, seines Zeichens Theologen, mitbrachte, in dessen Beruf es ja lag, Unglaubwürdiges nicht leicht von der Hand zu weisen.

Er geriet mit unserm Münchhausen in ein Gespräch über Malerei, kam dabei auf Lenbach und äußerte sein Entzücken über dessen Bilder.

„Meinen Sie den Professor Franz von Lenbach?" fragte unser Münchhausen, der immer sehr ernst blieb. „Denselben". „Alter Freund von mir!" sagte unser Münchhausen ruhig und trank sein Glas aus. „Was Sie sagen!" erwiderte der lange Theologe lebhaft, „ists möglich?" „Wir dutzen uns schon seit zwei Jahren", sagte unser Münchhausen, „wenn Sie mich besuchen — ich bin von 2—5 zu Hause, Sie bekommen noch einen ausgezeichneten Likör dazu — können Sie sehen, ich habe die ganze Bude von seinen Bildern voll hängen; übrigens, macht es Ihnen Spaß, so gehen Sie doch morgen zu ihm, sagen ihm einen freundlichen Gruß von mir, und er möchte Ihnen das Bild schenken das bei ihm gerade auf der Staffelei steht." „Ja, aber" — wandte der Theologe ein, „Aber, aber, giebt es nicht mein lieber junger Freund", sagte unser Münchhausen, der einen sehr gönnerhaften Ton anzunehmen pflegte, wo man seinen Worten ersichtlichen Glauben schenkte, „thun Sie, wie ich Ihnen gesagt!"

Die Leichtgläubigkeit des langen Gottesgelahrten machte uns andern freilich Vergnügen, doch bestimmten wir durch Verabredung einen aus der Runde dazu, ihn auf dem Nachhausewege eines Besseren zu belehren. Dieser eine — es macht mir noch heute Gewissensbisse, wenn ich daran denke — verbummelte seine Aufgabe und trank statt dessen noch ein Schluß-Pilsener im Cafe Luitpold.

So nahm das Unheil in Gestalt unseres langen Theologen seinen Lauf.

Wir haben nie erfahren, wie der Besuch bei dem Professor Franz von Lenbach verlaufen ist, jedoch mein Freund Meyer erklärt, den besagten Theologen am Mittag des darauffolgenden Tages mit hochrotem Angesicht, wirrem Haar, und ohne Hut in der Rückzugslinie vor der Villa Lenbach angetroffen zu haben. Wenn er noch hinzufügt, daß er auf der dem Gesicht abgekehrten Seite des schwarzen Rockes bei gedachtem Theologen die Spuren von sandigen Stiefelsohlen bemerkt habe, so darf man das wohl seinem verderblichen Umgang mit unserm Münchhausen zuschreiben.

Der junge Theologe erschien die nächsten acht Tage nicht mehr an unserem Stammtisch.

Eines Abends flüsterte mir mein Freund Meyer zu, er sei fest überzeugt, es bereite sich eine teuflische Rache vor. Ich glaubte das mit Rücksicht auf den geistlichen Beruf seines Freundes ablehnen zu können, aber er erklärte, er habe heute bei Rieger seinen gottesgelahrten Freund ein

Studentenverzeichnis ankaufen gesehen (nebenbei bemerkt kauft mein Freund Meyer nur an, er würde selbst vom Erwerb einer Zahnbürste nicht anders gesprochen haben, als von deren Ankauf, wenn er sich nicht dieses Reinigungsgegenstandes seit seines Dienstjahres entwöhnt gehabt hätte), und ihm schiene, daß der Theologe darin eifrig nach der uns bisher dunkel gebliebenen Wohnung unseres Münchhausen gesucht habe. Und übrigens habe der Theologe auch einen älteren Mediziner zum besten Freunde und in unserm Urteil über die ältern Mediziner wären wir uns ja wohl einig. Da konnte ich meinem Freund Meyer nicht mehr widersprechen.

Darauf vergingen noch zwei Tage. Es war gegen Ende des Semesters. Wir saßen vergnügt im Augustiner, und unser Münchhausen erzählte von einem Besuch beim Dey von Tripolis, da trat der lange Theologe mit einem andern Herrn ein, dem man, wie mein Freund Meyer noch heute behauptet, gleich an seinem cynischen Lächeln den ältern Mediziner ansah. Der Theologe, als wäre nichts vorgefallen, ging auf unsern Münchhausen zu, drückte ihm die Hand und bat ihn zur Feier seines Geburtstages eine bessere Flasche mit ihm und seinem Freunde, dem älteren Mediziner zu trinken.

Mein Freund Meyer, der als Philologe die Welt nicht selten unter der Perspektive eines Oberlehrerexamens ansieht, pflegt zu sagen, jeder Mensch habe ein Hauptfach und zwei Nebenfächer, in denen er vom Leben hart geprüft würde, die mit andern Worten seine schwache Seite ausmachten. Ich muß gestehen, daß der Vergleich bei unserm Münchhausen zutraf. War seine Erzählungsbegierde das Hauptfach, so wurden die andern Fächer durch die unbezähmbare Lust, häufiger ein Glas über den Durst zu trinken, als es selbst bei Medizinern üblich ist, und die ängstliche Sparsamkeit dargestellt, mit der er die ihm reichlich von Hause geschickten Vorräte an Kuchen, Likören und ähnlichem Süßen, wovon hin und wieder zu uns eine unbestimmte Kunde drang, zu Hause aufstapelte und für sich verwendete.

Aber genug, unser Münchhausen nahm das Anerbieten des Theologen freundlich an. Wir andern blieben bis gegen Mitternacht im Augustiner zusammen, dann brachen wir auf.

Ich glaube es war am Marienplatz, wo wir drei Gestalten erblickten, von denen die mittlere eine offenbare Abnahme jenes sechsten Sinnes zeigte, über den mein Freund Meyer zu vorgerückter Stunde stets so unsinnige Vorträge zu halten pflegt, des Gleichgewichtssinnes. Es thut mir leid, es zu sagen, aber unser Münchhausen war betrunken. Wir merkten das schon aus einiger Entfernung, denn er hatte die tadelnswerte Angewohnheit in solchen Fällen ein geistliches Lied zu singen. Wenn ich mich recht erinnere, war es in diesem Falle: „Fest bleibt mein Taufbund ewig stehn", und das war allerdings das einzige, was von ihm noch fest stehen blieb. Noch eine betrübende Thatsache: unser Freund erkannte uns nicht mehr. Wohl aber erkannte uns der Theologe, der einen Schritt zu uns herüber trat und uns zurief: „Bitte, meine Herren: Morgen früh 9 Uhr, Türkenstraße 16ᵃ zwei Treppen rechts, wir müssen jetzt noch eine Flasche im Ratskeller trinken".

Damit waren sie in der warmen Julinacht verschwunden.

Mein Freund Meyer erging sich auf dem Nachhausewege hinsichtlich der Rache des Gottesgelahrten in den kühnsten Kombinationen. Ich muß hinzufügen, daß mein Freund Meyer ein Champion auf dem Gebiete des Lösens von Preis-Rätseln ist und einen beträchtlichen Teil seines philologischen Studiums auf diese Kunst verwendet, aber hier wollte ihm keine Lösung gelingen.

Als ich ihn wiedersah, es war am folgenden Morgen, einem Sonntag, Türkenstraße 16* zwei Treppen rechts, hatte er Thränen in den Augen. Ich überzeugte mich bald, daß sie nicht vom Weinen, sondern vom Lachen herrührten. Neben ihm saßen der Theologe und sein Freund der ältere Mediziner und hielten sich das Taschentuch vor den Mund. Vor ihnen lag auf seinem keuschen Lager unser Münchhausen und schlief. Aber sah ich recht? Sein linkes Bein lag auf der Bettdecke im dicken Gipsverbande festgeschnürt auf einigen medizinischen Lehrbüchern. „Um Gottes Willen", sagte ich angstvoll, „was ist geschehen". „Pßt", sagte der ältere Mediziner flüsternd, „Mensch, verderben Sie den Spaß nicht, wir machen ihm zur Strafe für seine vielen Aufschneidereien weiß, daß er vergangene Nacht das Bein gebrochen hat."

In diesem Augenblicke schlug der Patient mit einem Seufzer die Augen auf. Als er uns sah, wollte er sich verwundert aufrichten. „Vorsicht, Vorsicht", schrie der ältere Mediziner, „Mensch, bedenken Sie Ihr Bein!" „Mein Bein?" sagte unser Münchhausen erstaunt. „Ja", sagte der ältere Mediziner mit väterlicher Besorgnis, „wissen Sie denn nicht, daß Sie vergangene Nacht an der Feldherrnhalle das Bein gebrochen haben?" „Herr im Himmel", schrie der Patient, „das ist ja fürchterlich".

Es war gut, daß an den Wänden von unseres Münchhausens Bude einige Bilder hingen — freilich hatten sie mit Lenbachs sonstigen Malereien wenig Aehnlichkeit — mit denen ich mich die nächsten Minuten eingehender beschäftigen konnte, denn, als ich mich wieder etwas gefaßt hatte, hörte ich den Patienten tonlos stöhnen: „Ich weiß das als Mediziner, das dauert vier Wochen, vier Wochen!"

„O", sagte der Theologe, „Sie werden ja während der Zeit Abwechselung genug haben, wenn Ihnen Bismarck hin und wieder schreibt, Moltke ist ja nun leider tot..." Der Patient warf ihm einen mißtrauischen Blick zu, aber der Theologe blieb teilnehmend. „Vier Wochen, ich erinnere mich aus der Osteologie, vier Wochen..." stöhnte er dann. „Vier Wochen?" sagte der ältere Mediziner, „aber Mensch, dann kennen Sie noch nicht die neueste Methode von Professor Heilkraut in Tübingen, der heilt so leichte Brüche in drei Tagen!" Unser Münchhausen sah ihn fragend an: „Das glaube ich nicht, bitte reichen Sie mir mal meine medizinischen Bücher!" „Die habe ich zur Vorsicht unter Ihr Bein geschnallt," sagte der ältere Mediziner und putzte sich geräuschvoll die Nase. Der Patient sank wieder auf das Kopfkissen zurück und stöhnte: „Ist denn das Bein auch richtig wieder eingerenkt, daß es nicht schief zusammen wächst?" „Alles vorzüglich geschehen", sagte der ältere Mediziner, „aber jetzt müssen wir zum Frühschoppen". „Ach bitte sehr", sagte der Kranke kläglich und richtete sich wieder auf, „bleiben Sie noch etwas hier". Er nestelte ein Schlüsselchen los. „In jenem Kasten dort sind zwei Flaschen Likör, daneben ein Baumkuchen, den ich gestern von Hause geschickt bekommen habe, bitte, bedienen Sie sich; auch kann ja meine Wirtin das Essen für uns Alle aus dem Cafe Gisela holen, ich würde mich sehr freuen, wenn ich Sie dazu einladen dürfte..."

Mein Freund Meyer behauptet heute noch, daß ein Mensch, der Sinn für Poesie habe, oder gute Verse schreibe, mit Vorliebe etwas Süßes esse, ich habe nun freilich immer gefunden, daß seine Verse schlecht sind, und sein Interesse für Poesie nicht außergewöhnlich ist, seine Vorliebe für Süßes steht dagegen außer Frage, und so verschwand der Kuchen zusamt dem Likör in erstaunlich geringer Zeit. Dann nahm ich Abschied um draußen meiner Lachlust die Zügel schießen zu lassen.

Unser Münchhausen wurde drei Tage nach der ihm unbekannten Methode des Professors Heilkraut in Tübingen seitens des älteren Mediziners behandelt. Er drückte dafür dem letzteren seinen Dank auf alle erdenkliche Weise in Worten, Nahrungs- und Genußmitteln aus, das Propfenspringen auf seiner Bude nahm kein Ende. Als seine Barmittel zu Ende gingen, fand sich sogar noch in einer merkwürdigen Lade des Waschtisches etwas, das er als Notpfennig bezeichnete, das er indes dieser Not zum Opfer brachte.

Endlich wurde es ihm gestattet, zum ersten Male wieder auszugehen. Es war am 23. Juli; er sollte der Abreise seines Arztes und des langen Theologen beiwohnen. Wir hatten uns alle auf dem Centralbahnhof vereinigt. Der Theologe und sein medizinischer Freund, die uns in der kurzen Zeit ihrer Bekanntschaft sehr ans Herz gewachsen waren, gaben die übliche Runde, und dann nahmen wir in seelenvergnügter Stimmung — nur unser Münchhausen klagte, daß ihn sein Bein noch etwas schmerze, er trat deshalb immer nur sehr vorsichtig auf — vor dem Waggon Aufstellung, der die Beiden gen Norden tragen sollte.

Es war im Augenblick der Abreise.

„Ist die Abteilthür geschlossen?" fragte der Theologe, indem er sich ins Fenster legte.

„Jawohl!"

„Fest geschlossen?"

„Jawohl!"

Da wandte er sich an unsern Münchhausen:

„Mein lieber junger Freund", sagte er, „nun will ich Ihnen noch etwas sagen: Napoleon III. ist nicht Ihr Pate!" „Ja, aber wie meinen Sie das?" sagte unser Münchhausen erstaunt.

„Friedrich III. hat mit Ihnen nie ein Wort gewechselt, Moltke hat nie eine Zeile an Sie gerichtet, Bismarck denkt nicht dran, sie zu kennen und den Professor von Lenbach haben Sie in Ihrem Leben nicht gesehen!"

Unseres Münchhausens Gesicht wurde rot vor Entrüstung.

„Und nun will ich Ihnen noch etwas sagen" — die Räder setzen sich gerade in Bewegung —

„Sie haben auch nie Ihr Bein gebrochen! Leben Sie wohl! Hurrah!" Damit entrollte der Zug dem Bahnhof. Das war die Rache des Theologen.

Als ich unsern Münchhausen zuletzt sah, erzählte er nur noch von seiner Bekanntschaft mit Crispi. Und davon — sagt mein Freund Meyer — können wir ihn ruhig reden lassen, da schadet er keinem Menschen, höchstens sich selbst.

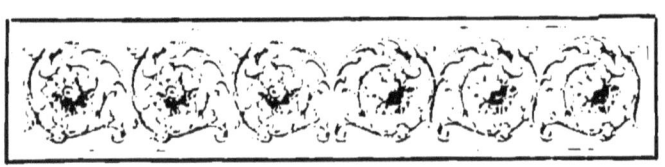

Die guten Freunde.

Herr Berengar von Montmiral —
Wie kannte die Provence ihn gut!
Bei Spiel und Fest und Maskenball,
    Ach Maskenball!
Gar leicht gemut, gar leicht beschuht
    Tanzte der Trovadore.

Und Cecil von Schloß Bellador,
Das war sein Freund, gewandt, galant,
Vier Schwielen zeigte stets er vor,
    Mit Stolz er vor,
Die warn mit Arbeit nicht verwandt,
    Die warn vom Lautespielen.

Sehr einsam saß la belle Yvette
Daheim im Schlosse Bellador,
Sie war kokett, sie war so nett,
    Ach ja, so nett,
Das kam Berengar auch so vor,
    Der half ihr Zeit vertreiben.

Berengars Weibchen hieß Grazielle,
Die langweilt sich in Montmiral,
Cecil sang ihr manch Ritornell
  — Na, Ritornell . . . !
Und eines Tags auf Knall und Fall
  Bat er sie um ihr Händchen.

Sie schrieben an Freund Berengar,
Der fand die Sache gar zu nett!
Die Antwort kam: „Ihr seid ein Paar,
  Und was ein Paar . . . !
Yvette und ich, — ich und Yvette
  Wir sind — ganz eurer Meinung."

Hei Hochzeitsglanz und Hochzeitskranz!
Was da für Volk zusammen kam!
Sie tanzten manch behenden Tanz,
  Manch Vierertanz,
Und lachten beim Changez les dames!
  Und blieben gute Freunde!
    Börries von Münchhausen.

In die Welt.

Ich weiß nicht, denkst du noch daran?
— Es liegt so viel dazwischen —
Den Feldweg gingen wir hinan,
Den stillen träumerischen,
Die Schwalbe suchte sacht ihr Haus,
Die Nacht flog, und die Fledermaus
Ganz heimlich aus den Büschen.

Bisweilen auf dem Schienenstrang
Glitt fernhin durch die Nacht entlang
Ein Zug mit hellen Wagen,
Dann strecktest du die Arme aus:
Ach, wen er in die Welt hinaus
Die weite Welt könnt tragen!

Nun trug der Wind Dich lang gen Süd,
Und mich trug er gen Norden,
Ich bin schon längst der Fremde müd
Und du wohl auch geworden.
Wenn jetzt der Zug vorüberrollt
Die Nacht hinein — ach Gott, ich wollt,
Nach Haus könnt er mich tragen,
Zu jenem Pfad im stillen Land —
Wir gingen wieder Hand in Hand
Wie in den Sommertagen.

Levin Ludwig Schücking.

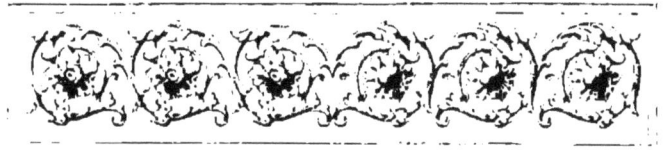

Abend im Tiergarten. („Kleiner Stein.")

Schon stehn des Waldes Bäume tief im Dunkel,
Ein rot-blau Netz hinter den Zweigen liegt;
Nur jenseits glitzert grell-rot Sterngefunkel,
Wo die Chaussée sich schräg zur Seite biegt.

Am schwarzen Kasten lehnt der Invalide
Und schaut den Himmel an im vollsten Glanz.
Und aus der Orgel singt es matt und müde
Und feierlich: „Heil dir im Siegerkranz!"

Alfred Böhme.

Der verliebte Junge.

Das ist Gott Amors kleine Schar,
Wie sich die Bübchen rühren,
Die arg zerfallne Herzensburg
Aufs neu zu restaurieren.

In meiner Brust welch ein Rumor!
Das pocht darin, das klopft darin,
Das dröhnt mir laut in jedem Ohr
Und macht schier ängstlich mir zu Sinn;
Wie Tischler, Maurer, Zimmersmann
So läuft es her, so läuft es hin
Und pocht darin und klopft darin
Und klopft und pocht den ganzen Tag —
Hilf Gott, wer das ertragen mag.

       Adolph Cronnier.

Ein Lied aus dem lateinischen Viertel.

Ich bin der Ritter Habenichts
Mit dem zerrißnen Rocke,
Ein Tagedieb, ein Taugenichts,
Zuhaus im fünften Stocke.
Heut hab ich Geld, heut leb ich fein
Und eſſ', wie Kön'ge eſſen,
Und morgen — hab ich alles klein,
Und alles iſt — vergeſſen!

Und wenn mir der Verleger mal
Fünfhundert Mark wird pumpen,
Wenn beſſer mal zahlt das „Journal",
Dann laß ich mich nicht lumpen,
Was kümmert dann mich Geld und Preis,
Ich ſchenk euch tauſend Gulden,
Und wenn ich gar nichts beſſres weiß, —
Vielleicht bezahl ich Schulden!

Doch vorher, Ninon, kauf ich dir
Drei Kleider ganz von Seide,
Und kaufe dir und kaufe mir
Ein Häuschen für uns beide.

Doch wenn zu Ende Geld und Wein,
Der Trubel all vertrubelt, —
Dann — Ninon, laß uns offen sein!
Wirds Häuschen auch verjubelt!

Ich hab nun einmal keine Hand
Fürs Wahren und fürs Sparen, —
All Geld und Gut zerrinnt wie Sand
Bei meinem Wanderfahren.
Und wandre ich bergab, bergan
Den Weg, auf dem ich wohne,
Mit keinem König tausch ich dann
Auf seinem Königsthrone.

Mein Thronstuhl ist der Rasenrain,
Mein Reich liegt auf der Straßen.
Ich flechte mir ins Haar hinein
Aus Hahnklee die Topasen.
Kornblumen such ich allerwärts
Und grünes Laub der Bäume,
Und flechte um mein Liederherz
Viel kornblumblaue Träume.

Börries von Münchhausen.

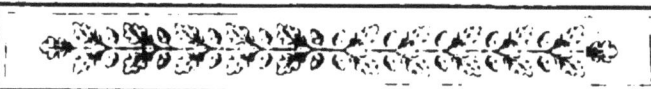

Aus einem Cyklus:

Studentenfahrt.

<small>Emil B., meinem Reisegefährten gewidmet.</small>

I.
Gen Süden.

Er hatte vierzehn goldne Füchse,
Mein Beutel war nicht minder schwer,
So sind wir morgens losgefahren,
Leicht an Gepäck und jung an Jahren,
Von München an das Mittelmeer.

Schon Innsbruck schuf uns viele Nöte!
Gen Wälschland stand uns ja der Sinn,
Du aber löcktest gen den Stachel
Und schäkertest im „goldnen Dachel"
Mit einer blonden Kellnerin!

Doch weiter gings — auf schmalen Wegen,
Vor uns die Alpen starr und wild,
Der Ebne Sohn, dem Kind des Norden,
Der aufwuchs an der Emse Borden,
Ein seltsam, wunderliches Bild.

Und wo der Rotbart einst gezogen
Mit manchem reisigen Gespan,
Wo aus dem Fels die Wasser schäumen,
Trug uns am Berg, auf schmalen Säumen,
Ins wälsche Land — die Eisenbahn!

Ins wälsche Land, das ist ein Düften,
Ein Rebenranken, Blumenblühn,
Das ist ein Sprießen, ist ein Schwellen —
Fernhin verblaut in leichten Wellen
Am Horizont der Apennin!

Wir waren jung und ohne Sorgen,
Heißblütig ist Studentenart,
Von Toblach gings und vor uns glühten
Im Sonnenschein die Dolomiten —
Hoiriadi! Auf frohe Fahrt!

II.
Verluste.

Posthorn und Peitschenklang,
Hei gings das Thal entlang,
   Hoiriadi!
Unten die Piave rinnt,
Ueber uns braust der Wind,
   Hoiriadi!

Der Signor Schwager schlug die Gäule,
Avanti! Weg! Die Wege frei!
So ging es fort mit Windeseile
Hinab, hinab zur Lombardei.

Noch blitzte rings von allen Firnen
Auf weißem Schnee der Sonne Strahl,
Doch wärmer gings um unsre Stirnen
Und breit ward das Piavethal.

Ich saß im Fond; er auf dem Bocke,
Wir jagten wie der Wind dahin,
Und neben mir im roten Rocke
Saß eine Kortineserin.

O schwarze Schönheit von Kortina! —
Der Wagen stieß und fuhr empor,
Bald sagt ich: scusi Signorina,
Und bald sie: scusi o Signor!

Zwar sprach ich nie mit viel Grandezza
In wälschen Lauten sicherlich,
Doch sagt ich etwas von bellezza
Sieh da, und schon verstand sie mich.

Es war ein wundervoller Morgen!
Die Luft so weich und duftgeschwellt,
In ihrer Augen Grund verborgen
Lag, dünkt mich, eine ganze Welt.

Ich zog ja aus, die Welt ergründen —
Mein Mantel war schon längst heidi,
Ich ließ ihn flattern in den Winden
Und er verschwand, ich weiß nicht wie.

Doch zähl ich nicht zu jenen Thoren
Bei denen stets das Auge klar,
Was thut es, geht das Kleid verloren,
Wenn schon das Herz verloren war!

Ich weiß nicht, sang die Lerche Lieder,
Es klang und sang um uns der Mai,
So fuhren wir ins Thal hernieder,
Hinab, hinab zur Lombardei!

III.
Venedig.

Der Sternenhimmel Italiens lacht
Es schäumen der Adria Wellen,
Sie plätschern und murmeln und küssen sacht
Die marmornen Häuserschwellen.

Es glänzt vom Dom und es strahlt vom Stein
Aus alter Zeit eine Rune —
Die Königin geht im Mondenschein
Weit über die blaue Lagune.

Sie zieht in gespenstigem Scheine dahin,
Es singt der Gondoliere
Von der begrabenen Königin
Der Königin der Meere. —

IV.
Gondola, Gondola...

Fächelnd über den Lido her
Wehten der Adria Lüfte,
Von den Gärten über das Meer
Zogen die Blütendüfte.

Und ich saß im Abendschein,
Ferne blitzte die Welle,
Vor mir blies ihre Melodein
Die Bersaglieri-Kapelle.

War ein Treiben, ein Menschenstrom,
Wanderten hin und wieder,
Flatternd von San Markos Dom
Flogen die Tauben nieder.

Und da kam sie, im Haare hing
Ihr ein Strauß von Akazien,
Wie die Dogaressa ging
Unter den Prokuratien.

Schwarz die Augen und schwarz das Haar,
Questa faccia divina,
Und da wußt ich, daß sie es war
Jene von Kortina!

* * *

„Gondola, Gondola" — scholl es nicht her
Bis zur Piazza, das Rufen?
Leise murmelnd zittert das Meer
Ueber die Marmorstufen.

Gondola, Gondola, schweigende Pracht,
Fern verklingende Lieder —
Sänke noch einmal solch eine Nacht
Heimlich auf uns hernieder!

Wasser rauschen und Lichter glühn
Ueber den schwarzen Kanälen,
Durch die Schatten Gespenster ziehn,
Arme, verlorene Seelen.

— Arme Seelen wir sind's ja auch
Stehlen uns scheu zusammen,
Uns verweht des Morgens Hauch
Wie zwei flackernde Flammen —

Haben wir uns zur Geisterstund
Von einander gerissen,
Glühend die Adern, heiß der Mund
Heiß von brennenden Küssen.

Gondola, Gondola, schweigende Pracht,
Fern verklingende Lieder —
Sänke noch einmal solch eine Nacht
Heimlich auf uns hernieder!

V.
Daheim.

Schön Ann' schön Ann' schön Annemarie
   Nun hol die Krüge heraus!
Wir wollen heut kneipen bis morgen früh
   Wir sind ja wieder zu Haus!

Den wälschen Wein, wir missen ihn nicht
   Wie rot und süß er auch sei,
Nichts geht doch über ein lachend Gesicht
   Und Münchener Bürgerbräu!

Der alte Maler da neben uns sauft
   Als sei das Gold nur Quark,
Als hätte er seine Madonna verkauft
   Für hunderttausend Mark.

Gott grüß die Kunst, schön Annemarie
   Nun hol die Krüge heraus,
Wir wollen heut kneipen bis morgen früh —
   Wir sind ja wieder zu Haus.

Levin Ludwig Schücking.

Die Waise.

Ich weiß eine Sanduhr stehen,
Die zeigt meines Lebens Fall,
Die Körnlein, die darin gehen,
Das sind meine Thränen all.

Ich hab an Glück und Segen
Mein Lebtag nit geglaubt,
Wenn sich mir nur wollt legen
Eine Mutterhand aufs Haupt,

Und ich einmal dürft klagen,
Was meine Sorgen sind,
Und hört es einmal sagen:
„Mein Kind, mein liebstes Kind!"

Wenn das letzte Körnlein fließet,
Und die letzte Thräne fällt,
Meiner Mutter Mund mich grüßet,
Meiner Mutter Hand sich schließet
Und führt mich aus der Welt.

Börries von Münchhausen.

Im Bodethale.

I.

Längst schon fielen ab die Blätter,
Tief im Thale rauscht die Bode,
Durch den Wald erbrauft das Wetter,
Und Natur ringt mit dem Tode.

Tod? Ach nein! 's ist nur ein langer
Tiefer Schlaf dem Tode gleichend,
Baum und Blumen auf dem Anger
Träumen nur dem Winter weichend.

Träumend sie die Tage grüßen,
Da sie Weste weich umwehten,
Da sie ihre lieben süßen
Köpfchen nach der Sonne drehten.

Und sie denken froh der Zeiten
Wenn erst Frühlingssturm gewittert,
Und aus endlos fernen Weiten
Sonnenstrahl sie heiß umzittert. —

Doch die alten Berge starren
Spöttisch raunend in die Lüfte:
„Ob sie's all erleben? Narren!
Ewig sind nur Felsenklüfte".

II.
Leise gleiten kleine Wellen
Und zerschellen
An des Ufers steingem Strand.

Felsen spotten, unerfahren,
Doch nach Jahren
Sind zerrieben sie zu Sand.

Hugo Eisentraut.

Der rasende Titane *).

Dank deinem Schöpfer, Welt, daß er mir nicht
Die Donnerkeile in die Hand gelegt!
Wie meine Faust dies schwache Rohr zerbricht,
Hätt ich in meinem Grimme Dich zerfegt.
Sturm, Donner, Blitz, ich hätte sie versandt
Ins tiefe Meer, bis es sich selbst entzündet,
Bis daß es sprang aus seiner Ufer Rand,
Vernichtungsfreudig, gerne mir verbündet.

Es sengt das Laub, die Rieseneichen splittern,
Die Erde klafft bis zu dem tiefsten Grunde,
Und immer wilder laß ich es gewittern,
Und immer wilder ringt sichs aus dem Schlunde;
Die Lawa springt hervor mit hohlem Zischen,
Kahl ist die Welt schon, tot schon alles Sein!
Hei, wie die Flammsee wogt mit tollem Gischen!
Der ganze Himmel brennt im Wiederschein!

---
*) Aus einem größeren Gedicht.

Die Hügel schmelzen, Alpenketten wanken,
Der harte Stein glimmt schon wie weicher Zunder,
Jetzt zucken Flammen! Wie empor sie ranken!
Ein Flammenmeer ist das Gebirg jetzunder!
Der höchste Gipfel nur ragt unberührt,
Schon glüht er, wankt und will doch widerstehen.
Den letzten Blitzschlag dorthin noch geführt,
Und dann ihm nach, als Letzter zu vergehen!
Adolph Cronnier.

Am Meer.

Der Seewind strich, die Möven flogen,
Mit weißen Kämmen kam die See
An unserm Fuß dahergezogen,
Es war am Strande von Labö. —

Der Leuchtturm fern am Meer, der rote,
Wand einen Wolkenschleier um,
Zu Lande flohn die Fischerboote,
Und auf der Föhrde ward es stumm.

Der Wind nur murmelte den Wellen
Sein altes, trotziges Liebeslied,
Gleichgültig wanderten die schnellen
Des alten Weges nimmermüd'.

Da hub er an ein grimmes Tosen
Schlug in die Flut, die Faust geballt,
Mit seinen starken, fessellosen,
Mit seiner donnernden Gewalt,

Den Mantel warf er von den Hüften,
Den Wolkenmantel gab er her,
Und heulend aus den grauen Lüften
Fuhr er hernieder auf das Meer.

Und wo noch jüngst mit seinen Netzen
Der Fischer auf dem Grund gefischt,
Da spritzte rasend zum Entsetzen
Vor seiner Hand der weiße Gischt,

Die Wellen, die noch eben ruhten
Warf er empor mit schrillem Pfiff —
Fern auf den wild erregten Fluten
Erschien ein graues Segelschiff.

Es ging gemächlich seiner Wegen,
Dies Segel auf und jenes schlaff
So kreuzte es dem Wind entgegen,
So kam es langsam in das Haff.

Am Strand bei uns stand ein Matrose,
Der blickte auf die See hinaus,
Griff dann in seine Tabacksdose,
Und spie darauf verächtlich aus:

„Finnländer! Ha, von gleichem Schlage
Wie alle, fährt er durch die Welt,
Als hätt man ihn zum jüngsten Tage
Mit seiner Stockfischfracht bestellt.

Das solch ein Schiff die See mag tragen!
Pfui Teufel! jenen lob' ich mir,
Den Dampfer dort von Kopenhagen
In zehn Minuten ist er hier!"

Er bog sich vor, ein emsger Späher
Durch Wolken- und durch Wellenbraus,
Schon kam der Däne nah und näher,
Sein Kiel durchschnitt die Wellen kraus,

Er schoß vorbei vor unsern Blicken,
Und zog gewalt'ge Wasserspur, —
Die Welle sollt ihn uns entrücken,
Die jählings in die Höhe fuhr.

Als sie verschwand im düstern Flimmer
Des Wetters, war der Dampfer fort,
Jedoch der Segler fuhr noch immer
Langsam und sicher in den Port,

An seiner dunkeln hohen Wandung
Schwoll es von weißen Kämmen auf,
Es donnerte um ihn die Brandung,
Doch grad und ruhig blieb sein Lauf.

Ich aber warf mich in den weißen
Betropften Sand und seufzte schwer,
Und durch mein Herz gleich einem heißen
Gebete zog ein süß Begehr:

O, dürft ich jenem Dampfer gleichen,
Wenn ich ins Meer des Lebens führ,
Am Mast der Freude rotes Zeichen,
Die Poesie als mein Panier,

Dem Wind der Volksgunst kühn entgegen
Quer durch die Wasser unter Dampf,
Quer auch durch Wellenschlag und Regen,
Quer auch durch Not vielleicht und Kampf.

Doch — wenn ich dann in späten Jahren
Vom hohen Meer des Lebens floh,
Dann möcht ich gleich dem Segler fahren,
So still und so gewissensfroh,

So sonder Eile, sonder Zagen
Gequält von Reue nicht und Pein —
Möchten mich dann die Wellen tragen
So ruhig in den Hafen ein!

Der Seewind strich, die Möven flogen,
Mit weißen Kämmen kam die See
An unserm Fuß dahergezogen,
— Es war am Strande von Labö. —

Levin Ludwig Schücking.

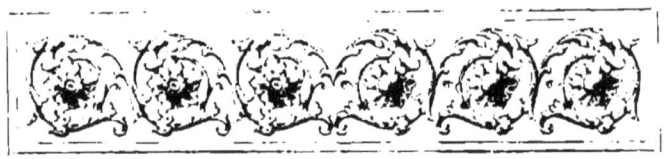

Die Pest in Elliant.
(Unter Benutzung bretonischer Balladen).

I.

Kennst du das Wort der Drude
Gesagt über Ziegengebein,
Geraunt zur Mitternachtstunde,
Gesprochen am Tafelstein? —

So will ich das Wort dir künden,
Den Spruch des Opferbrands,
Die Weissagung der Here
Vom Schicksal Elliants:

In Elliant wirds klopfen
„Tot tot" an jedem Haus,
Die Pest schleicht in die Kammer,
Das Leben schreitet heraus,

Heut essen Elliants Zähne
Das weiche Weizenbrot,
Bald beißen sie harte Erde
Im zuckenden Fiebertod,

Heut trinken Elliants Lippen
Den weißen Bretagnerwein,
Bald werden Elliants Lippen
Rot vom Blute sein.

Auf Elliants Markt wird wachsen
Das Gras, hoch wie ein Schwert, —
Nur dort nicht, wo der Karren
Allstunds die Leichen fährt,
   Elliant, o Elliant!

So raunten die Hexen schaurig
Auf einsamer Felsenwacht, —
Dazwischen kreischten die Adler
Vom schwarzen Fels durch die Nacht.
   O Elliant!

II.

Der Ferge von Elliant träumet
Im Boote zur Mittagsstund,
Der Strand liegt öd und verlassen, —
  Was heult und winselt sein Hund?

Bretonische Sonne senget
Das Ufer weit und breit,
Totstill dehnt sich die Fläche, —
  Was fährt sein Hund zur Seit?

Und als der junge Schiffer
Das Tier zur Ruhe wies,
Da stand ein schwarzbraun Mädchen
Vorm Boot im Uferkies.

„Wo bist du hergekommen,
Du Wesen wunderbar?"
„„Frag du den Wind der Berge,
Wo seine Heimat war!""

„Und welches ist dein Name,
Du wildschön Angesicht?"
„„Frag du die Welle nach Namen,
Mich aber frage nicht!

Schieb dein braun Boot ins Wasser,
Das Segeltau nimm zur Hand,
Du sollst mich übersetzen
Zum Ufer von Elliant!""

Der Ferge steht und zögert,
Da lacht das Mädchen ihm zu:
„Und denkst du an das Fährgeld
Du schlanker Bursche du?

So will ich alles dir geben,
Was mir ein Gott verlieh,
Du sollst mich küssen und herzen, —
Ich aber küsse dich nie!"

In die Brust warf sich das Segel,
Die Kette fiel mit Getön, —
Und der Ferge war jung und sehnig,
Und das Weib, das Weib war schön! — —

III.
Neun Kinder spielten im ersten Haus, —
Neun kleine Särge trug man heraus.

Um den Ambos vier Gesellen sich reihn,
Um nächsten Tag ist der Schmied allein,

Und wer ihn suchte am Morgen darauf,
Dem that keine Hand die Thür mehr auf.

Der Seiler sitzt mit Weib und Kind,
Da tickt die Totenuhr im Spind,

Und als der nächste Morgen scheint,
Ist er wieder mit Weib und Kind vereint.

Zwei Knäblein zerren mühsam und schwer
Den Sarg des Vaters im Karren daher,

Den leeren Wagen bringt einer zuhaus
Und geht gleich selbst zum Kirchhof hinaus, —

So zog die Pest durch Elliant
Und einen nur schont ihre Hand;

Und wen sie küßt, des Auge bricht,
Nur einen, — einen küßt sie nicht.

Vater trug er und Mutter heraus
Und immer stiller wards im Haus,

Die Fähre ließ er für immerdar,
Er sitzt und zerwühlt sein schwarzes Haar.

Doch in der Nacht da Jeanette starb,
Die schöne Jeanette von Azène-Barbe,

Da ward das schwarze Haar wie Schnee
Und verstört seine Seele von so viel Weh.

Er ging hinterm Sarge den traurigen Gang
Und pfiff dazu und lachte und sang:

„Ich lag mit der Pest auf faulendem Stroh,
Sie kreischte und lachte und drückte mich so,

Sie hat mich geküßt mit blutrotem Mund,
— Was bellte mein Hund, was heulte mein Hund?

Wie Angstschweiß läufts an des Bootes Wand,
Was streichelst du mich mit naßkalter Hand?

Komm wieder, komm wieder, ich halte dich fest —"
Fern drüben am Wegrand lachte die Pest.

Börries von Münchhausen.

Entsagung.
(William Shakespeare.)

Fahr' wohl, du stehst zu hoch für meine Wünsche;
Und auch dir selber ist dein Wert bekannt:
Das leiht das Recht dir, von dir mich zu stoßen —
Zerrissen liegt, was uns vordem verband.

Kann ich dich halten wider deinen Willen?
Wie hätt ich denn verdient auch solche Pracht?
Mich dünkt, ich hab' kein Recht, dich zu besitzen;
So fahr' denn hin, was mich so reich gemacht.

Du gabst dich hin, den eignen Wert nicht kennend,
Vielleicht schien meine Liebe dir ein Glück,
Nun, schöner noch in deinem Stolz zu schauen,
Verlangst du herbe Dein Geschenk zurück.

Ein Traumbild durft' ich dich zur meinen machen,
Im Schlaf ein König, Bettler im Erwachen.

Paul Viertel.

Der Irre.

Ich hab Dich im Traume wiedergesehn
Annemarie!
Du warst wie einstens so wunderschön,
Und mir wollte das Herz vor Jammer vergehn,
Annemarie!

Dann kam der Tag, so bleiern und schwer,
Da bin ich erwacht!
Der Morgen war blaß, und die Welt war leer,
Ich mochte das Licht und den Tag nicht mehr,
Ich dachte der Nacht!

Ich habe genommen meinen Stab,
Ich hatte nicht Ruh —
Ich bin gewandert zum Kirchhof hinab,
Und als ich gekommen bin an Dein Grab,
Da saßest du!

Auf Deine marmornen Schultern fiel
Dein schwarzes Haar,
Es war so reifig und eiseskühl,
Der Morgenwind trieb damit sein Spiel,
Wie reich es war!

Ich flog zu Dir, von den Lippen hab
Ich getrunken den Tau,
Dann sank ich entseelt in die Kränze hinab
Die frischen Kränze auf Deinem Grab
Im Morgengrau!

Nun nennen sie's, wenn ich von Dir erzähl
So ungereimt —
Ich weiß was ich weiß bei meiner Seel,
Und dennoch sagen sie ohne Hehl:
Ich hätte geträumt!

Levin Ludwig Schücking.

Die Puppe.

Du tolles blondes Ding, und weißt du wohl,
Wie einmal du so ganz aus deiner Rolle,
Der Rolle: „Donnerwetter nochmal!" fieleſt? —

In meiner Schweſtern Stube ſaßen wir,
Die Zigarette hielt du in den Fingern,
Und reizend floß, als könnt er ſich nicht trennen,
Der blaue Rauch von deinen blaſſen Lippen.
Du plaudertest von deinem Ponywagen,
Von deinem Rakett und erklärteſt mir,
Warum der „Ghisbert" keine Chancen hätte,
Und warum „Opel" beſſer ſei wie „Greif",
Und was du dächteſt über Radfahrkleider,
Und daß die Boſtanjoglo dir zu ſchwer, — —
Lachteſt laut auf und warfſt mit keckem Schwung
Die Aſche des Papyros aus dem Fenſter.

Der Puppenwagen meiner jüngſten Schweſter,
Der außer Kurs geſetzt im Winkel ſtand,
Zog deine Blicke an, du zerrteſt ihn her,
Faßteſt bei einem Hinterbein die Puppe

Und schlenkertest sie hin und her verächtlich.
Dann fiel dir ein du wolltst Theater spielen,
Mit affektierter Sorgfalt nahmst du sie
Und hieltest sie gebettet auf den Armen.

Du tolles blondes Ding und weißt du wohl,
Wie du da ganz aus deiner Rolle fieleft,
Der Rolle: „Donnerwetter noch einmal!"

Denn wie das Wesen aus Porzlan und Leinen
Dir so im Arme lag, so groß und — menschlich,
Da wardst du still auf einmal, seltsam still,
Mit den erschrocknen großen Kinderaugen
Blickteft du zärtlich auf die Puppe nieder
Und wiegtest sie mädchenhaft mütterlich.

Da trafen unsre Blicke sich und plötzlich
Flog dir ein helles Rot in Stirn und Wangen,
Schnell und verlegen bettetest du wieder
Im Korb die Puppe und schobst scheu ihn fort,
Und dann mit möglichst derber Männlichkeit:

„So, mein Papyros ist wohl aus? Ach bitte!
Streichbalken liegen drüben neben Ihnen!"

       Börries von Münchhausen.

Abschied.

Vor Augen hatt' ich stets das Ende;
Ich bangte, doch nur wie im Traum,
Und gab doch nie der Hoffnung Raum,
Daß sich noch Alles glücklich wende.

Doch da ich nun das Wort soll sprechen,
Das letzte, bittre Abschiedswort,
Und meiden soll den süßen Ort,
Da will mir fast das Herze brechen!

Walther Schottelius.

Nebel.

Ein goldner Tag im Spätherbst wars,
Wir gingen durch das Wiesenthal
Bis in die Flechten deines Haars
Der Tau sich feucht und glitzernd stahl.

Der Abend kam, der Nebel stieg
Und wallte wie mit weißer Flut,
Im grünen Gras die Grille schwieg
Und barg sich in des Ampfers Hut.

Es ging ein Frösteln durch das Kraut
Als hätt es Alles rings gewußt,
Daß morgen, wenn der Abend graut
Für immer nun Du scheiden mußt.

Da schlangst du schluchzend deinen Arm
Um meinen Nacken, meinen Hals,
Es sank auf mich, daß Gott erbarm
Der Regen deines Thränenfalls.

Und näher, näher schwoll es her
Hat uns mit feuchtem Mund geküßt —
Bis daß in diesem weißen Meer
All unser Glück ertrunken ist. —

Levin Ludwig Schücking.

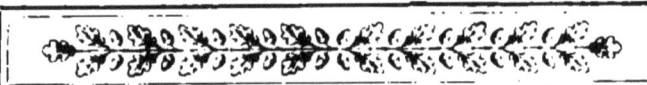

Praxiteles letztes Werk.

„Nun schleudre den Meißel, den still du geführt,
In das eisenzernagende Meer,
Und weihe die Kraft, die dem Staate gebührt,
Nicht den weicheren Musen mehr,
Zerschlag das Gebild deiner müssigen Hand
Zu sausenden Schleudersteinen, —
Denn der Krieg zog rot übers grüne Land,
Und Zeichen am Himmel erscheinen!"

Es saß der Meister, von Träumen umschwebt,
In der Hütte vor seinem Gebild,
Ein weltenfremd Lächeln die Lippen umwebt,
Und er sprach zu dem Feldherrn mild:
„Wenn Skopas der Hilfe entbehrt dieser Hand,
Mag er gern mich des Speerwurfs belehren,
Doch werde ich auch für das Vaterland
Nie den Gott meiner Seele zerstören!"

So ging der Gesandte, und ging der Tag.
Doch als wieder am Himmelsrand
Der Morgen auf rosigem Pfühle lag,

Da wogte es drängend am Strand,
Da bissen die Anker der Feinde sich fest
In der scholligen griechischen Erde,
Da nagten am dunklen Olivengeäst
Die struppigen Thrakerpferde.

Und der Glutpfad wurde der Sonne steil,
Und als am höchsten ihr Lauf,
Flog zischend der erste Barbarenpfeil
An den attischen Türmen hinauf,
Und als der Abendstern niedergeblickt,
Und die nächtlichen Feuer erglühten,
Da lag die Blüte Athens geknickt
Von der phrygischen Pfeile Wüten.

Und Skopas sprach: „Wenn ihr heut nicht versöhnt
Die Götter mit Opfer und Rauch,
Dann packt, das die nächtlichen Mauern umstöhnt,
Das dunkele Los euch auch!
Drum bringe der Goldschmied den kunstvollen Schild
Der Kaufmann sein Bestes getragen,
Und Praxiteles soll sein Marmorgebild,
Das noch nicht geweihte, zerschlagen!

Und wer sich weigert dem heilgen Gebot
Und opfert sein Liebstes nicht,
Dem färbe des Morgens belebendes Rot
Nicht mehr das erstarrte Gesicht!
Schon knistern die Feuer auf jedem Altar
Und der Rauch kriecht schläfrig darüber."
Von fern durch die Nacht klang gell und klar
Der feindliche Wachtruf herüber.

fürwahr, da zehrte des Köstlichen viel
Die Flamme in jener Nacht.
Das Weib hat den Schmuck, das Kind sein Spiel
Und der Mann seine Schätze gebracht.
Herschleppte der Schmied einen kostbaren Schild,
Und die Tänzerin weihte Kameen,
Und nur des Praxiteles Marmorgebild
Ward nicht auf den Scheitern gesehen.

Ausging ein Bote, von Skopas gesandt,
Und kehrte bestürzt zum Altar.
„Ach Herr, des Praxiteles kunstreiche Hand
Hat geopfert sein Bestes fürwahr.
Mit dem Meißel durchstieß er die Brust im Schmerz
Und sprach: „Mein Gewerk und Gewaffen,
Du triffst wohl leichter dies sterbliche Herz
Als den Gott, den es zitternd geschaffen!"
Börries von Münchhausen.

Schlaflos.

Wie möcht' mein armes Herz so gern
Heut Nacht an Deinem schlagen!
Doch Du bist fern, unendlich fern!
Wie soll ich's tragen? —

Durch sturmgepeitschte Wolken bricht
Manchmal ein Sterngefunkel,
Und streift mit seinem irren Licht
Der Kammer Dunkel.

Dumpf hör' ich aus der stillen Stadt
Herauf die Stunden schlagen;
Im Winde rauscht ein welkes Blatt —
Wie soll ich's tragen? —

Walther Schottelius.

Ich fürchte Deine Küsse.....
(P. B. Shelley.)

Ich fürchte Deine Küsse, holdes Kind;
O fürchte nicht die meinen;
Weil meine Küsse nicht so glühend sind,
So sengend, wie die Deinen.

Ich fürcht' Dein Wort und Deiner Augen Strahl;
O fürchte nicht die meinen;
Rein ist das Herz, das sich in Sehnsuchtsqual
Verzehret nach dem Deinen.

Paul Viertel.

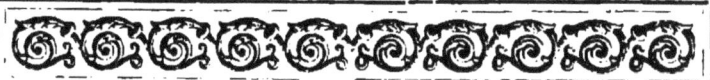

Rahab, die Jerichonitin.

I.

Jahrmarktstag in Jericho —
Rufende Bananenweiber,
Wasserträger, Eseltreiber
Drängen durch die Straßen froh
Die gebräunten heißen Leiber.

„Siehe zu", sprach Josua,
„Ob du heimlich dich magst winden
Durchs Gedränge jener Blinden
Und die schwächste Pforte finden."
Und er sprachs zu Jojada
Als das Heer bei Gerasa
Lagert unter Tamarinden.

Und im langen Mantel heut
Schleicht der Späher durch die Massen.
In der Duftstadt engen Gassen
Ist das ganze Volk verstreut,
Doch der Heiden Feldherrn lassen
Aengstlich auf die Fremden passen,
Weil des Josua Angriff dräut.

Und vor ihrem scharfen Blick
Und vor ihren schlauen Schergen
Muß der Jude sich verbergen,
Und ein Riegel weicht zurück,

Und ein Riegel schiebt sich vor.
Sicher führt den fremden Späher
Rahab in ihr Haus empor,
Rahab, die den Kranz verlor,
Und der schlanke Galiläer

Blieb die Nacht auf ihrem Dach.
Und des toten Meeres Lüfte
Riefen leis die Balsamdüfte
All der tausend Palmen wach,
Ueber Stadt und Feld und Klüfte
Wehten sie dem Jordan nach.

Rötlich über Rasa stieg
Schon der Morgen glutumsponnen,
Rahab sprach: Für all die Wonnen
Dieser Nacht, die jetzt verronnen,
Schone meiner, wenn im Sieg
Stürmend ihr die Stadt gewonnen.

Siehe, dieses rote Seil,
Klimme dran die Mauern nieder,
Aber wenn du kehrest wieder,
Schütz es mich vor Schwert und Pfeil.

Hangen solls von meinem Haus
Und es sei ein Zeichen allen,
Daß du ohne mich gefallen,

Daß ich dich geführt hinaus!"
Und sie ließ des roten Taus
Hanfne Windung niederwallen.

II.

Rahab sang:
Mein Freund ist wie ein Büschel Myrrhen,
Das zwischen meinen Brüsten hängt,
In meiner Seele letzte Tiefen
Sich Tag und Nacht sein Name drängt,
Und blind bin ich, seit ich ihn sah,
Jojada, Jojada!

Sein Arm lag unter meinem Haupte,
Die rechte Hand liebkoste mich,
Die Palmenstadt schlief rings im Thale
Und süß ihr Atem uns umstrich,
Der Himmel war so nah, so nah,
Jojada, Jojada!

Doch über meiner Seele Saiten
Schrillt jäh ein Ton, zerrissen, wild,
Vom Himmel fallen alle Sterne,
Und Blut aus allen Wolken quillt,
Mein Heimatland verriet ich ja, —
Jojada, Jojada!

III.

Vor Jerichos Mauern wappnet
Der Jude Brust und Hand,
Des Halljahrs goldne Posaunen
Dröhnen über das Land.

Sieben Tage zogen die Männer
Schweigend um Mauer und Thor,
Siebenmal am siebenten Tage
Umging der Posaunenchor.

Des Halljahrs Hörner brausen
„Kolenu schema, elohim!!"*
Mit klirrenden Schwertern vom Himmel
Zogen die Cherubim.

Da wankten Mauer und Türme,
Jericho neigte sich IHM,
Und die Posaunen brüllten:
„Kolenu schema, elohim!"

Weit offen standen die Thore,
Hoch loderte Rauch und Brand,
Und Juda zog in die Thore
Fackel und Schwert in der Hand.

Am Abend ruhten die Hörner,
Rings schwieg Samaria,
Da suchte der Liebsten Schwelle
Der braune Jojada.

Verflogner Duft der Palmen
Strich her von irgendwo,
Tot hing am roten Seile
Rahab von Jericho.

Börries von Münchhausen.

*) „Herr hilf uns!"

Lied
(im Herbst zu singen.)

Ein Spinnlein sitzt auf dem Strauch am Weg
An sonngen Herbstestagen
Und spinnt sein seiden Fädelein
Und läßts von dannen tragen.
Habt Acht, ihr Buben und Mädchen!

Und Bursch und Mädchen gehn durchs Feld,
Da kommt das Fädlein flogen.
Und schmeichelnd hats das junge Blut
Mit dem seidnen Band umzogen.
Habt Acht, ihr Buben und Mädchen!

Und das Spinnlein sitzt auf dem Strauch am Weg
Und lacht — ihr müßtets sehen —
Und spinnt sein seiden Fädelein
Und läßts von dannen wehen.
Habt Acht, ihr Buben und Mädchen!

Adolph Cronnier.

Triumphgesang der Juden.

Nun krachte zu Boden Babel bei Kriegsposaunenschall,
Und über die Welt nachhallte dumpfschütternd der donnernde Fall, —
So jauchze laut auf Judaea, dein Tag, dein Tag ist da,
Nun blase des Halljahrs Hörner Samaria!

Der Hammer der Völker zerschlagen, zersplittert die Geißel der Welt,
Chaldaea ward niedergeschmettert, und Assur zu Schutt zerschellt.
Denn es kam wie Brausen des Meeres ein Volk von Mitternacht her,
Nie fehlten die Schilfrohrpfeile und nie sein Speer.

Wir saßen an Chebars Wassern, die Mandel in Blüte stand,
Leis durch die Gärten klirrten die Ketten an unsrer Hand,
Vor unserem Meißel zum Baue des Königs barst der Granit,
Wir sangen von Jeruschalajim das Sehnsuchtslied.

Da kams wie ein Ruf aus den Wolken, ein Wind stieß
                    ängstlich ins Laub,
Und über dem Flusse drüben aufwölkte finsterer Staub,
Und aus dem Staube brachen die Massen der Völker herein, —
So gellt im Gebirge Sanoah der Adler Schrein.

Da rauschten wie Sicheln die Schwerter, dumpf dröhnte der
                    Morgenstern,
Uns umklirrte die Pracht der Assyrerschlacht und wir schrieen
                    zum Herrn,
Und Jehova war nah, und die Stunde war da, und die
                    Zeit erfüllt,
Und Babylon brach zu Boden, trauerumhüllt.

Nun hänge um deine Schultern, mein Volk, das Reisegewand
Und brich den Stecken der Ceder als Stab für deine Hand,
Und die du geführt in der Knechtschaft, die Kelle schlage
                    entzwei,
Und zerbrich den Meißel des Dienstes, denn du bist frei!!

Und wer an seiner Sandale der Riemen einen erst band,
Der wandere ohne den andern in seiner Väter Land,
Warte nicht auf Bruder und Vater, verflucht sei Ruh und Rast,
Was brauchst du Vater und Bruder, wenn du die Heimat hast?

Wir ziehn zu den Bergen der Jugend, der sinkenden Sonne
                    nach,
Wie ward das Auge der Sehnsucht nach langem Schlafe
                    so wach,
Wie brausen vertraut in der Hörner ehernen Jubelklang
Die alten Jesaialieder und Davids Gesang!

Und wenn die heilige Heimat leuchtet im Morgenlicht,
Von den ewigen Höhen zu Heah das blaue Glänzen bricht,
Dann sinken wir schauernd nieder am schimmernden Jordanstrand
Und küssen mit durstigen Lippen das Vaterland.

Börries von Münchhausen.

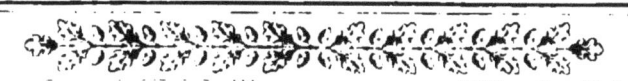

Die Schwestern.
(Alfred Tennyson.)

Wir waren zwei Schwestern von einem Geblüt:
Sie war so schön in der Jugend Blüt':
  Der Wind fährt wild durch den Tann.
Sie liebten einander, und sie fiel;
Ihre Schande zu rächen, das war mein Ziel.
  O der Graf war ein schöner Mann!

Sie starb: sie schied in der Hölle Glut:
Sie weihte der Schande ihr adelig Blut.
  Der Wind heult wild durch den Tann.
Und Wochen und Monde gab ich dafür,
Seine Liebe wollt' ich gewinnen mir:
  O der Graf war ein schöner Mann!

Ich gab ein Fest, und ich lud ihn ein;
Ich gewann seine Liebe, und er war mein.
  Der Wind braust wild durch den Tann.
Und nach dem Mahle, im einsamen Schloß,
Da legte sein Haupt er in meinen Schoß:
  O der Graf war ein schöner Mann!

— 92 —

Ich küßt' seine Augen in wilder Lust,
Seine blühenden Wangen an meiner Brust.
　Der Wind tobt wild durch den Tann.
Ich haßte ihn, haßte ihn bis in den Tod
Und liebte doch seine Wangen so rot.
　O der Graf war ein schöner Mann!

Um Mitternacht leis' an sein Lager ich trat
Und schliff meinen Dolch zu der grausigen That.
　Der Wind rast wild durch den Tann.
Und wie er den süßesten Schlummer schlief,
Da stieß ich den Stahl in das Herz ihm so tief.
　O der Graf war ein schöner Mann!

Ich kämmte und flocht sein lockiges Haar;
Er war so schön auf der Totenbahr'.
　Der Wind fährt wild durch den Tann.
Ich hüllte ihn ein in ein leinenes Tuch,
Zu den Füßen der Mutter den Leichnam ich trug.
　O der Graf war ein schöner Mann!

Paul Viertel.

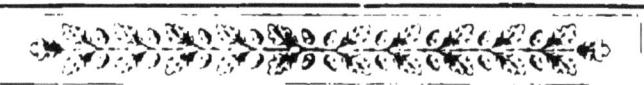

Volles Glück.

Ich lag in ihrem dämmrigen Gemache;
Gar traulich knisterte des Ofens Glut,
Es rüttelte des Nordwinds wilde Wut
Ohnmächtig an den Ziegeln auf dem Dache.

Weich war des Divans buntgewirkte Seide,
Einschmeichelnd warm umwogte mich die Luft;
Ein sinnberauschend süßer, feiner Duft
Stieg auf von ihrem Haar, von ihrem Kleide.

Sie saß und schrieb an ihrem Tischchen Briefe;
Der Lampe rosiges, gedämpftes Licht
Fiel voll auf ihren Arm, auf ihr Gesicht,
Die Wimper war gesenkt, als ob sie schliefe.

Wie ich so lag, die Hände unterm Haupte,
Blieb mir ein einz'ger Wunsch noch unerfüllt:
Da mir die Wimper ihren Blick verhüllt
Und so das Feuer ihres Auges raubte.

Und sieh! Als hätt's der Himmel selbst beschlossen,
Hob sie den Kopf, und sah mich lächelnd an:
Und wenn man reines Glück empfinden kann,
Hab' ich's in diesem Augenblick genossen!

Walther Schottelius.

Was wehrst du dich...?

Was wehrst du dich so gegen deine Liebe,
Ich kenne dich und weiß: dein Herz ist stark,
Und wenn dein junges Herz nicht Blüten triebe,
Was sänge dann die Nachtigall im Park!

Und wenn noch viel geheimer du gewesen
Mit deiner Mädchensehnsucht scheu und still, —
Ich hab es längst in deinem Blick gelesen,
Was dein Herz meinem Herzen sagen will.

Und glaube mir, der Tag ist nicht mehr ferne,
Der unsre Lippen auf einander fügt,
Und da im Lichte roter Liebessterne
Dein braunes Haupt an meine Brust sich schmiegt!

Börries von Münchhausen.

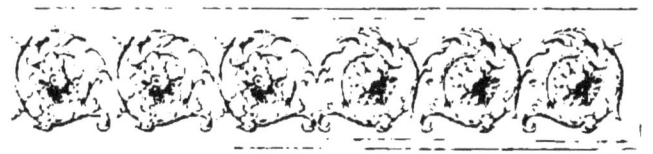

Der Einsiedler.

Ich habe dich gesucht an Altarkerzen,
Wo mit den Weihrauchdüften kämpft das Licht,
Ich habe dich gesucht in Menschenherzen —
Herr und ich fand dich nicht!

Ich suchte dich in alten Pergamenen,
Ob du in grauer Zeit einmal vielleicht
Der Männer Forschen und der Weiber Thränen,
Der Weisen Wissen und der Völker Sehnen
Dich selbst gezeigt —
Herr und ich fand dich nicht!

Wohl fand ich Glauben — in zerrißnen Seelen,
Ein Glaube der aus kranken Herzen bricht,
Ich wandte mich, es spricht aus Angst und Quälen
Die Gottheit nicht.

Da setzt ich mich zu aller Weisheit Füßen,
Die in der Rede goldnes Band sich flicht,
Und horchte stumm. Der Erde Weise ließen
Der Worte hohen Strom vorüberfließen,
Ich fand dich nicht.

Da bin ich von der Menschen Pfad gewichen.
Allein mit mir und meiner Sehnsucht Weh,
In stilles Land, wo mild die Winde strichen.
In stilles Land, an einen blauen See.

Und sieh, da hab ich mich zu dir gefunden.
Da hab ich dich den Weltengeist gesehn,
Wie dem Prophet, der ausging dich erkunden.
Erschienst du mir im leisen Windeswehn!

Du ziehst einher in goldnen Sonnenstrahlen.
Du lachst in eines Menschen lichtem Aug.
Du schwebst als Wolke über tausend Thalen
Und singst dein Lied mit Menschenmundes Hauch.

Nun hab ich dich, nun bin ich dir zu eigen,
An deinen Aesten bin auch ich ein Blatt,
Das gerne niedersinkt in Tod und Schweigen,
Wenn in den knospenreichen jungen Zweigen
Sich neuer Blüten Pracht entfaltet hat.

Levin Ludwig Schücking.

An einem Mensurtage.

Ich saß am einsamen Bergeshang
Und sah das liebliche Thal entlang,
Gedanken kamen und gingen
Von seltsam ernsten Dingen:

Dort drinnen im Hause entbrennet der Streit,
Sie schlagen sich Wunden die Läng' und die Breit' —
Und sind doch bald gesundet:
Sind ja nur leicht verwundet.

Und mir in dem Innern da brennt es so heiß
Von Lieb und von Leid das keiner sonst weiß;
Kann wohl nie mehr gesunden:
Trag ja im Herzen die Wunden.

Hugo Eisentraut.

Ein Weib.

Nabopolassar drang in unsre Stadt,
Der erste Pfeil flog eben in die Burg,
Und von der Stadt schreit heller Feuerschein,
Sammuramat, sag, willst du mit mir sterben?
  „Nein, Sarakos!"

Die Seide Syriens, die dich umfließt,
Die Perlen Griechenlands um deinen Hals,
Das Goldgehänge deiner breiten Brust,
Soll sie des fremden Königs Buhle haben?
  „Nein, Sarakos ! ! !"

Börries von Münchhausen.

Göttingen, Druck der Uni.-Buchdruckerei von
W. Fr. Kästner.